Aviva Nihn, Jahrgang 1968, studierte
Germanistik und Pädagogik in Berlin,
schreibt seit früher Jugend, hauptsächlich
in Gedichtform

.

Das kleine Buch vom Scheißgefühl

20 Gedichte

Aviva Nihn

Bibliografische Informationen der Deutschen Nationalbibliothek:
Die Deutsche Nationalbibliothek verzeichnet diese Publikation
in der Deutschen Nationalbibliografie; detaillierte
bibliografische
Daten sind im Internet über http://dnb.dnb.de abrufbar.

© 2016 Aviva Nihn
Herstellung und Verlag:
BoD – Book on Demand, Norderstedt

ISBN: 978-3-848207039

Inhalt

... lieber doch nicht?

Zärtlich streichelt Sehnsucht mein Haupt
der zarte Flügel berührt mein offenes
Innere
ich hab so lange schon nicht mehr geliebt
mir fehlt der Mut dazu
denn wenn ich liebe liebe ich ganz
das ist der Grund, warum ich nicht liebe.

Lebhaft pocht in mir Sehnsucht nach
draußen
als zerspränge meine Hülle
ich bin schon lange keinen Schritt mehr
gegangen
denn wenn ich gehe, gehe ich ganz
das ist der Grund, warum ich nicht gehe.

Heftig sagt die Sehnsucht: "lebe, lebe!"
morgen ists dazu vielleicht schon zu spät
ich fühle mich tot, hab lang schon nicht
mehr gelebt
denn wenn ich lebe, lebe ich ganz
das ist der Grund, warum ich nicht lebe.

Aufgewacht

aufgewacht aus tiefem Dämmer
zustand der mich lang umgarnte
seh ich Käfer, Mücken, Larven
seh ich Pflanzen und seh mich.

plötzlich spür ich wieder Leben
freu mich tot wień kleines Kind
spür die Freiheit, mich zu geben
gerade so wie ich halt bin

wenn ichś nur beschreiben könnte
was mich letztlich dazu brachte
seh ich nur den einen Zustand:
die krummen Wege, die ich machte.

Aus Wolken fallen

Wo bin ich, wenn nicht in meinen Träumen
wenn ich fühl´ so außer mir.
Wo bin ich, wenn all die Schmerzen
brennen drin, so tief in mir.
Wo bin ich, wenn nächtliche Gedanken
sich auftürmen, mich umranken.
Wo bin ich,
wenn ich nächtlich
schreie, schlage, um mich hau´
vor Angst mich krümme
mich vor Einsamkeit nicht mehr weiter
trau.
Wo bin ich, in all den weichen Welten
wenn ich auf Wolken mich befinde
und falle als Regen, als Hagel
um das zu zerschlagen
was immer schon da.
Wo bin ich denn bloß nach dem Erwachen
wenn diese Welten zusammenkrachen?

Blöde-Sachen-Rap

Blicke – eines Drachen gleich
durchbohren und strafen
jetzt bist du ganz bleich
wirst keine Freiheit mehr haben
das Gefühl „bin ganz leicht"
für immer begraben.

Worte – einer Klinge gleich
erschüttern und schlagen
jetzt bist auch du ganz klein
nie mehr dazu etwas fragen
das Gefühl „bin ganz reich"
für immer nichts sagen.

Gefühle – die Kühle des Teichs
verletzen oder tragen
jetzt bist auch du schon ganz weich
darüber nicht mehr erhaben
das Gefühl „das ist mir gleich"
für immer ertragen.

Der Fluss der ewigen Trauer

Er fließt durch alle Körper durch
zerteilt die Seele mittendurch:
der Fluss der ewigen Trauer.

Meist bleibt er so ganz unberührt
in Dunkelheit in seinem Bett
liegt höchstens auf der Lauer.

Doch manchen Menschen zeigt er sich
er springt dich an und beißt sich fest
reißt dich mit sich auf Dauer.

Entgegen stemmst du dein Gewicht
die Angst, die steht dir im Gesicht
du schaffst es nicht, ihm zu vertrauen.

Er rast auf einen Abgrund zu
das Wasser fällt und so auch du
Gefühle werden flauer.

Du fällst und fällst
du weinst und schreist
du findest keine Mauer

keinen Sims und keinen Halt
dort, auf eurer großen Fahrt
in die tiefste Trauer.

Du spürst, dass er der Stärkŕe ist
gib auf und streck die Waffen
ein schlauer Mensch sagte zu mir:
Kein Fall ist je von Dauer.

Diskrepanz in der menschlichen
Wahrnehmung

Was war passiert?
Sie ist ganz reglos und ganz kalt
ganz schwer und furchtbar starr!

> „Sie hatte noch so viel
> vor und ihr Lachen
> brachte Freude in
> unsere Herzen"

Nun ist die Einsamkeit vorbei
der Wahnsinn hat ein Ende
sie braucht jetzt keine Drogen mehr
um ruhig zu werden
die Schmerzen sind vorbei.

> „Ihr fröhliches Herz
> war oft ein Trost für
> uns für andere hatte
> sie stets ein offenes
> Ohr"

Das Fischen im Trüben
brachte Totes hervor
am Grunde des Sees
fand sie kein Leben
sie ging Schritt für Schritt
ohne zu wissen wofür, wohin.

„Sie ging in der Blüte
des Lebens"

Das helle Licht des Lebens
war Schwarzlicht
es beleuchtete Dinge
die lieber verborgen blieben.

„Ihre Energie war
endlos und
hoffnungsvoll"

Sie blieb einfach stehen
einzementiert war ihr Glück
sie fand keinen Sinn mehr im Leben
entledigte sich Stück für Stück.

„Ihre mutige
Persönlichkeit
soll uns als Vorbild
dienen"

Die Wanderung auf dem schmalen Grad
war ein Drahtseilakt
ohne Netz und ohne Halt.

Dunkle Seen

Ich könnte schreien, nur noch schreien
über die Trauer und die Schmerzen
doch die Laute bleiben ungehört.

Denn sie hallen doch nur wider
hallen in dem großen Raum
der da leer ist in mir drin
da, wo du sonst warst.

Und da ist so viel Wasser in mir drin
tiefe, dunkle Seen
in die ich mich gern stürzen würde.

Ich ließe mich drin treiben
bis das ich unterginge
so würde ich mich innerlich
von dir und mir befreien.

Flügel

von Winden zerfetzte Flügel
ein Leben gebaut auf Lügen
tausend Dinge erdacht und erträumt
ein Dasein in Freiheit auf ś Ganze versäumt

von Winden zerfetzte Flügel
ein Absturz ins Land der Lügen
ein See, randvoll mit Tränen gefüllt
ein heller Stern, seit jeher in Nebe gehüllt

von Winden zerfetzte Flügel
zerstört durch die Kraft der Lügen
hat man dich in die Trümmer verbannt
zu spät hast du dein Feuer entflammt

Fragen über Fragen

Wohin geht Liebe, wenn sie enttäuscht
Wohin geht Lachen, wenn es verstummt
Wohin geht Freude, wenn alles ist ernst

Wohin geht Lust, wenn sie ist verschäumt
Wohin geht Glück, wenn es dich verlässt
Wohin geht Frieden, wenn Hass ausbricht

Gibt es einen Ort, an dem die sind
Wie kommen die hin, so rasend geschwind
gibt es ne Bahn, nen Aufzug, ein Schild
als Wegweiser für einen Trottel, wie ich es
bin

Warum renne ich dem nach tagein tagaus
Warum sind sie nicht da, wenn ich sie
brauch
Warum nur sind sie so schnell wieder weg

Gespräche eines alten Paares in der an
sich ruhigen Wohnung

„Was ist das für ein Gebrumme?"
„Das ist der Kühlschrank, der kühlt."

„Was ist das für ein Gezische?"
Das ist die Heizung, die heizt."

„Was ist das für ein Gerausche?"
„Das ist die Spülung, die spült."

„Was ist das für ein Geröchel?"
„Das bin ich, ich sterbe."

Ich bin Ich

Die Ängste meiner Kindheit
Missvertrauen und Verlust
das Kämpfen um die Liebe
missverstehen und verhalten
klammern und nicht festgehalten.
Alleingelassen und missbraucht
Desinteresse, Forderungen
schweigen und mich weggeschlossen
häufig leiden um die Gunst.

Spielen und doch so verschlossen
in den Welten meines Kopfes
um mich niemals aufzumachen.
Keiner durfte mich so sehen.
Keiner durfte wissen
wie es um mich steht.

Ich weiß, es hat noch gar nicht angefangen
richtig in mir zu rumoren

zu stark und dick ist noch mein Schild
doch stets trage ich dieses Bild
mit mir rum und in mir drin
doch Schritt für Schritt und Tag für Tag
soll sich dieses ändern.

Dieser frühe Lebensabschnitt
den ich früher so geheim
wegschloss und nicht haben wollte
tritt jetzt jäh ins Leben ein.
Diese unmenschlichen Ängste
in Form von hässlichem Missbrauch
Die Monster, die mich jetzt umgeben
jede Nacht mehr Tod als Leben.
Männer, die mir stets nachtrachten
Türn aufbrechen, Fenster krachen
ausgeliefert und kein Platz zu finden
an dem ich mich ganz sicher fühl.

Mich bremst bei jedem neuen Schritt
die Last meiner Vergangenheit
wie Klötze hängt sie an den Beinen
und treibt mich zur Benommenheit.

Niemals das gesagt zu haben,
was ich sagen sollte.
Niemals das getan zu haben,
was ich machen wollte.

Nun dürft ich keine Angst mehr haben
müsst endlich wissen, was ich will
doch wie soll ich zu der Klarheit kommen
durft ich doch niemals selber wol en.
Hab ich mir doch in der wichtgen Phase
des Suchens und Probierens
zum Schutze meines Selbstes
verboten zu agieren.

Nun drängt es vor, das Leben
erfordert noch mehr Kraft
es muss doch etwas geben
womit man alles schafft.
Dieses Etwas muss ich finden
auf einfach, schwier´gen Wegen
und sind da noch so viele Stunden
irgendwann ist überwunden.

Und sollte doch
der Klarheit neuer Schritte
zurückführen
in ewig neue Lücken
so kann ich doch, so istś mir klar
mich niemals davor drücken.
Denn schließlich ist es in mir drin
und ich bin ich
mit allen Tücken.

Jetzt komm endlich aus dem Quark und tu
was!

Ich wär so gern wie du
hätt so gern deinen Mut
ich tät alles ganz im Nu
das täte mir so gut

Mitten im Juli

Laub umschließt mich
sommerlich umhüllt
betäube ich die Schwermut
krieche um kreiselnde Flammen
schrankenlos
sinnlos
atemlos
aus.

Natur I

Draußen ist es dunkel
in mir ebenso.
Die Bäume sind ganz kahl
als trügen sie mein Innerstes
deutlich an den Tag.

Die Natur erstarrt zu Frost
eisig auch mein Leib.

Der einzig große Unterschied
der Welt zu meiner Welt:
Ich weiß, im März erwacht sie wieder
doch ich, ich bleibe tot.

Natur II

Die Natur erwacht zu neuem Leben
doch ich, ich bin noch tot.

Wie die eigne Prophezeiung
hab ich es noch nicht gelernt
zu leben und neu anzufangen
und alles neu zu fassen.

In Hoffnung leb ich jeden Tag
in Träumen jede Nacht
und innerlich, so denk ich mir
ist es schon längst vollbracht:
der Tod, der kommt mir immer näher
mit jeder Blütenpracht.

Scheißgefühl

Schon mal so richtig Scheißgefühle
gehabt?
Mal so richtig gar nicht mehr gelacht?
Aus Liebeskummer, aus Menschenverlust
aus falsche Entscheidung getroffen?

Ist gar nicht mehr lustig, son Scheißgefühl
du denkst, du kannst nicht mehr raus
aus falscher Gerechtigkeit oder
Fettleibigkeit
aus dein ganzes Geld versoffen?

Geht gar nicht mehr, Leben mit
Scheißgefühl
da gibt's kein zurück und kein vor
aus allem was man sich erdenken kann
an miesen Gefühlen getroffen.

Jetzt ists so, bald ists anders
ein Scheißgefühl ist eben noch ca
um morgen oder gleich schon
ein Schmunzeln am Mund
in lauter Glück bist ersoffen.

dumm gelaufen

Gestern Nacht war ich am Bahnhof
Die Hoffnung stand mir im Gesicht
ganz sicher bin ich aber nicht
ich war allein und wollte es auch sein

Die eisige Kälte schnitt ins Gesicht
Die stockdunkle Weite störte mich nicht
Ich sehe mich noch stehen
ungeduldig von einem aufs andere Bein
gehen

Ich war mir ganz sicher, er wird kommen
von irgendwoher, irgendwann
Gleise glänzten im fahlen Licht
selbst meinen Atem hörte ich nicht

Es war meine Nacht, ich hatt´es gespürt
mein Schicksal hatte mich hierher geführt
Da endlich, da kam er, er schnaubte herbei
schon war ich zum Aufsprung bereit

Der ewig Verlorne, nun endlich gefunden
ich fühlte sie heilen, die ewigen Wunden
Er schien noch zu warten
doch ohne Licht
erkannte ich die Richtung nicht.

Voll der Herzschmerz

Er flattert mir durch meinen Sinn
er hockt sich hier und da mal hin
die grauen Bilder kommen und gehen
ich lass sie zu und lass mich gehen.

In jedem Teil von meinem Herzen
sind Seen voll gefüllt mit Schmerzen
und jede Zeit und jede Stunde
sticht er mich in offne Wunde.

Er wühlt und gräbt und lässt nicht los
und hält mich fest, was mach ich bloß
ich will die Welt mal wieder bunter
und meine Wege wieder runder!

Vulkanausbruch

macht alles kaputt
Jedes Pflänzchen, jeder Baum
wird verglühen
unter dieser Macht.
Jedem langsamen Füßchen
jeder vorsichtigen Pfote
wird der Garaus gemacht.
Alles wird verbrennen
wird verglühen
selbst Ozeane werden
zum Kochen gebracht.
Alles wird dunkel
braun und kahl
selbst das schönste Himmelblau
wird schwarz
wird grau
wird fahl.
Nur in tiefster Finsternis
in der Schwärze
der vollkommenen Nacht
sieht man es glühen

was er entfacht
die tödlichen Ströme
die er hervorgebracht.
Alles wird aus der
Ordnung gebracht
das Menschengemachte
das Tiergemachte
das Pflanzengemachte
zerfällt, zerquetscht, verraucht.
Die Ströme, sie wallen
sie walzen, sie ziehen
er lässt sie jetzt raus
in Intervallen
die wie Schluchzen sind
und Schluchten werden.
Die Ströme, sie wollen
sie können nicht anders
zu groß war schon lange
der Druck, der Kloß.
Jetzt peitschen sie raus, die Flüsse
der Berg kotzt sich aus
mir wummerts im Bauch
ich will das auch.

eeeeeeeeeee

eeeeeeeeeee
eeeee eeeee
eeere eeele
eeere Seele
Leere Seele